ALBUM

DE

PROBLÈMES & DESSINS DIVERS

D'APRÈS LES SYSTÈMES

BAUHUYS, DOUAT, PRESTET, TEYSSIER, TRUCHET, ETC.

AU MOYEN DESQUELS

On peut apprendre en une heure

A COMPOSER ET IMPROVISER UNE INFINITÉ DE DESSINS

Applicables aux Arts, à l'Industrie, aux Ouvrages d'utilité et d'agrément

PAR

P. LEMAIRE

ANCIEN ARCHITECTE

Membre et Lauréat de diverses Sociétés artistiques, littéraires, scientifiques et industrielles de Paris

AYANT OBTENU DIVERSES MÉDAILLES, EN BRONZE, ARGENT ET OR.

PRIX : 5 FRANCS

POUR LES INSTITUTIONS : 6 FRANCS

PARIS — JUILLET 1862

23767

ALBUM

DE

PROBLÈMES & DESSINS DIVERS

d'après les Systèmes

BAUHUYS, DOUAT, PRESTET, TEYSSIER, TRUCHET, ETC.

AU MOYEN DESQUELS

On peut apprendre en une heure

À COMPOSER & IMPROVISER UNE INFINITÉ DE DESSINS

PAR

P. LEMAIRE

ANCIEN ARCHITECTE

Membre et Lauréat de diverses Sociétés artistiques, littéraires, scientifiques et industrielles de Paris

AYANT OBTENU SEPT MÉDAILLES EN BRONZE, ARGENT ET OR

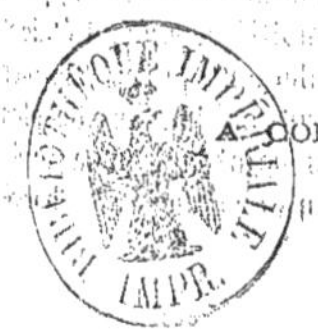

CONSIDÉRATIONS PRÉLIMINAIRES

La possibilité d'apprendre aussi facilement à composer et improviser une infinité de dessins, repose simplement sur les combinaisons et permutations de chiffres ou de lettres, et ces combinaisons et permutations possibles sont inépuisables.

Vers le milieu du XVIIᵉ siècle, le P. Bauhuys, auteur du vers latin fait à la louange de la mère de Dieu :

« Tot tibi sunt dotes, virgo, quot sidera cœlo, »

donna plus d'intérêt à ce vers, en indiquant un grand nombre de permutations de mots produisant autant de nouveaux vers sans nuire aux règles de la prosodie.

Henri Dupuis s'occupa également des permutations possibles avec ce vers, et il en indiqua 1,022.

Jacques Bernouilly en poussa le nombre jusqu'à 3,312.

Enfin, on lit dans les éléments de mathématiques du P. Prestet, que les huit mots du susdit vers, « pris tous ensemble ou 8 à 8, pouvaient recevoir plus de 40,000 permutations, si l'on n'a pas égard à la mesure du vers hexamètre, » et il ajoute « qu'avec les 24 lettres de l'alphabet, répétées et prises 2 à 2, 3 à 3, 4 à 4, et ainsi de suite jusqu'à 24, l'on pouvait faire ce grand nombre 139,172,428,887,252,999,425,128,493,402,200 de mots différents.

De toutes les recherches faites dans beaucoup de livres d'architecture, de sciences, de combinaisons et permutations par les chiffres ou les lettres, pour la composition et formation de dessins, applicables aux arts, à l'industrie, aux métiers, enfin aux ouvrages utiles ou d'agrément, je n'ai rien trouvé de plus ancien que les

1862

combinaisons et permutations du P. Sébastien Truchet, qui s'en occupait déjà vers la fin du XVII° siècle, et c'est au hasard qu'il devait les bases de cette découverte.

Tels sont les immenses avantages du génie : Galilée observant par hasard le mouvement prolongé de *va-et-vient* d'un lustre suspendu à une voûte d'église, en conçut la précieuse possibilité d'en faire l'application à la mécanique ; et, de nos jours, c'est encore le pendule qui est la base de l'horlogerie. Newton recevant par hasard la chute d'un fruit sur la tête, et, frappé de la pesanteur du choc, comparée à la pesanteur réelle du fruit, rechercha les propriétés de la gravitation qu'il érigeat bientôt en lois incontestables.

C'est aussi le hazard qui a fait trouver au P. Bauhuys, au château de la Motte-Saint-Lyé, près d'Orléans, des carreaux de faïence carrés et mi-parties de deux couleurs séparées par une ligne diagonale, lesquels devaient servir à carreler une chapelle et des appartements. Frappé de la possibilité de composer et former un grand nombre de dessins différents par ces carreaux cependant uniformes, il résolut de rechercher en combien de manières ces carreaux pouvaient être combinés.

Il reconnut d'abord qu'un seul de ces carreaux pouvait présenter quatre aspects ou dessins différents, puis, les combinant deux à deux, il trouva soixante-quatre combinaisons différentes, dont moitié cependant étaient équivalentes ; et c'est avec la table de ces soixante-quatre combinaisons primitives seulement qu'il put former un si grand nombre de charmants dessins. Le R. P. Truchet devait continuer cette œuvre, en donnant de plus grands moyens pour composer une infinité de dessins, par des tables comprenant des combinaisons avec de semblables carreaux, mais combinés et permutés trois par trois, quatre par quatre, cinq par cinq, etc. ; chargé de travaux considérables auprès du roi, il dut abandonner ses recherches.

Cependant, les indications déjà si avantageuses quoique incomplètes du P. Truchet ne devaient pas en rester là ; toutefois, ce ne fut qu'une vingtaine d'années plus tard que le P. Douat publia la continuation de ces découvertes, et, pour que l'on ne soit pas surpris qu'avec une figure aussi simple qu'un carreau mi-parties de deux couleurs séparés par une ligne diagonale, on puisse faire des dessins à l'infini, le P. Douat signale les observations suivantes : « La base et le fondement des mathématiques ne sont qu'un *point* que cette science suppose *invisible*. Par le mouvement du *point*, elle conçoit la *ligne ;* par le mouvement transversal des *lignes,* elle trace les *surfaces ;* par le mouvement tranversal des *surfaces,* elle forme les *corps* ou *solides ;* et, s'élevant ainsi par degré, elle parvient aux plus hautes connaissances. L'arithmétique, si utile dans toutes les parties des mathématiques, n'emploie que *neuf chiffres significatifs* pour exprimer et représenter tous les nombres imaginables, observant l'ordre, le rang ou lieu de leurs positions. La musique n'a besoin que de *sept notes* pour faire tous les divers chants. »

La méthode du P. Douat pour faire une infinité de dessins, comme celle du P. Truchet, n'admet qu'un modèle de carreau mi-parties de deux couleurs séparées par une ligne diagonale, qui diversement placé et et aperçu d'un même point, peut être considéré et regardé comme quatre différents carrés (voir les figures 1, 2, 3, 4). Suivant le P. Douat, ces quatre différents carreaux combinés deux à deux, produisent 16 permutations ; trois à trois, ils en produisent 64 ; enfin, combinés quatre à quatre, les permutations s'élèvent à 256, lesquelles servent de bases à tous les dessins que contient sa méthode. Le P. Douat a d'ailleurs évité toutes les formules fatigantes, pour n'admettre qu'un procédé court et facile, dont la base est de se rappeler que les 4 positions primitives du carreau mi-parties de deux couleurs séparées par une ligne diagonale, sont désignés et représentés par les quatre lettres A, B, C, D, ou les chiffres 1, 2, 3, 4, ainsi qu'ils viennent d'être mentionnés plus haut et représentés aux dites figures 1, 2, 3 et 4.

Telle est la simplicité de cette méthode ; et l'on doit reconnaître que l'auteur avait raison de dire : « Ce serait peu de donner des règles, si l'on n'en rendait la pratique aisée et facile ; c'est à quoi je me suis appliqué dans cet ouvrage, en sorte que l'ordre et la précision des idées m'ont dispensé d'employer cette foule de règles qui accablent les plus consommés dans les sciences, et me suis attaché à la brièveté et netteté qui font toujours les délices de l'esprit. »

Une méthode aussi simple, aussi féconde dans ses bons résultats, devait valoir à son auteur, le P. Douat, un légitime succès, les plus honorables approbations des principales Académies de France ; et c'est ce qui eut lieu de la part des Académies de Paris, Montpellier, Toulouse, etc. Aussi, ajoute-t-il en parlant de la simplicité de sa méthode : « C'est ce qui fait que plusieurs savants ont jugé que cet ouvrage était aussi curieux qu'utile, non seulement pour la perfection de l'architecture, mais encore de plusieurs autres arts. En effet, de tous ceux qui ont écrit de l'architecture, très-peu ont parlé du pavé ou carrelage, ou s'ils ont traité cette matière, ça été fort succinctement. Dans ce livre, vous trouverez une source intarissable pour paver les églises et autres édifices, carreler les planchers et y faire de beaux compartiments. Le peintre y puisera des idées, les ouvriers en marqueterie, les ébénistes, les menuisiers, les vitriers, les marbriers, les tailleurs de pierre et autres ouvriers s'en serviront très-utilement ; les brodeurs, les tapissiers, les tisserands, ceux qui travaillent sur le canevas, en un mot tous ceux qui se servent de l'aiguille, y apprendront à faire de très-beaux ouvrages; et les doctes curieux qui s'adonnent à la physique pourront aussi en tirer un grand avantage pour arriver à la connaissance de cette variété incompréhensible qu'on voit dans les effets de la nature. »

Aux professions ci-avant mentionnées comme pouvant s'aider de ces méthodes, on pourrait ajouter encore les ornements d'architecture, la parqueterie, les mosaïques, la tabletterie, les ouvrages de tissage, la passementerie ; enfin, toutes les fabriques ayant besoin de dessinateurs chargés de créer sans cesse de nouveaux modèles de dessins.

Alexis Teyssier, primitivement tisserand ouvragiste à Vérac (Gironde), s'inspirant des méthodes mentionnées ci-dessus, ainsi que de celles qui se rattachent plus spécialement au tissage, profession dans laquelle il était fort habile, publia divers opuscules dans lesquels il décrit un heureux procédé pour composer et improviser un grand nombre de dessins, très-applicables aussi aux choses gracieuses, notamment aux ouvrages d'ameublement et d'agrément. On trouvera ci-après divers problèmes de dessins basés sur ce procédé, parmi lesquels j'ai ajouté des bordures d'encadrements et des applications octogonales dont cet auteur n'a pas donné de modèles ; les uns sont suivis de leur solution, les autres sont à résoudre.

Il est incontestable que lesdits auteurs ont créé des méthodes de combinaisons et permutations très-ingénieuses, pour composer et improviser une infinité de dessins, qui peuvent facilement être appliqués aux arts, à l'industrie, aux choses utiles et même aux charmants ouvrages d'agrément dont les auteurs auront alors des dessins originaux et personnels.

Rien n'est plus vrai que d'affirmer incalculables les dessins possibles par ces méthodes ; car le P. Douat, dans ses mémoires, dit et prouve par des calculs faciles à vérifier, que ses 256 combinaisons prises pour bases, étant élevées à la seconde puissance, c'est-à-dire :

Combinées deux à deux, produisaient . . . . 65,280 dessins différents
  — trois à trois, — . . . . 16,581,120 —
  — quatre à quatre, — . . . . . 4,195,023,360 —
  — cinq à cinq, — . . . 1,057,145,886,720 —
  — six à six, — . . 265,343,617,566,720 —

etc., etc., en augmentant ainsi jusqu'à la 256ᵐᵉ puissance.

Il est donc bien juste de dire que, pour les dessins pouvant être obtenus par de telles combinaisons et permutations, le nombre en est véritablement infini. En effet, les combinaisons et permutations de chiffres qui font la base desdites méthodes, sont tout aussi incalculables que les combinaisons et permutations de lettres pour la formation des mots, dont le nombre déjà prodigieux augmente encore chaque jour.

ADDITIONS. — PERFECTIONNEMENTS.

Ayant ainsi signalé le mérite éminent des susdits auteurs Bauhuys, Douat, Prestet, Teyssier, Truchet, etc., j'ajouterai qu'il est incontestable qu'un architecte, par ses études mathématiques et artistiques, ainsi que par une longue pratique à examiner et diriger les nombreuses professions qui s'utilisent dans la construction des édifices, leurs décorations, de même que dans toutes les branches de l'ameublement devenues si intéressantes de nos jours, qu'un architecte, dis-je, est plus apte que beaucoup d'autres personnes à enseigner ces méthodes et à indiquer les plus heureuses applications que l'on peut faire des dessins par elles obtenus.

C'est ainsi que j'ai pu comprendre la nécessité d'y ajouter deux perfectionnements qui seront d'un bon secours pour compléter un grand nombre de dessins : ces perfectionnements sont cependant des plus simples, puisqu'il s'agit seulement d'employer des demi-carreaux et des carreaux d'une seule couleur. Seul, le P. Douat a parlé de la position diagonale du carreau uniforme, mais pour dire qu'elle était inutile, faisant penser que pour apercevoir un dessin ou compartiment sous cet aspect, il suffisait de le placer en conséquence.

Voilà, suivant moi, ce qui est une grave erreur ; car, qu'il s'agisse d'examiner un dessin, un pavage mosaïque ou toute autre application, il ne faut pas que les examinateurs ou visiteurs aient à rechercher sous quel aspect ces œuvres se présentent le plus favorablement ; il est nécessaire, indispensable même pour que succès soit complet, que ces œuvres apparaissent naturellement et tout d'abord sous l'aspect le plus propre à en montrer tous les avantages.

De cela parfois la nécessité de placer en diagonales les rangs de carreaux, quand la disposition génér du dessin qu'ils doivent produire doit apparaître ainsi sous une forme mieux réussie. C'est pour rendre possi cet arrangement, qu'aux quatre positions primitives, figures 1, 2, 3, 4, j'en ai ajouté quatre autres portant numéros 5, 6, 7, 8. Et pour que l'arrangement soit complet, il suffit de terminer les rangs diagonaux par d demi-carreaux comme ceux représentés aux figures X Y. Le dessin numéro 24 est une application de c arrangement facile.

Quant à l'emploi des carreaux d'une seule couleur, comme ceux indiqués aux figures 9 et 0, aucun d auteurs précités n'a su voir ni indiquer de quelle importance ils pouvaient être ; cependant, l'application est bien simple, et donne de plus grands avantages encore. En effet, quelque bien trouvés que soient d arrangements de carreaux uniformes mi-partie de deux couleurs, comme ceux des figures 65, 66, 82, etc., p exemple, ainsi que le plus grand nombre des compartiments donnés par les PP. Truchet et Douat, n'est-il p vrai que ces arrangements et compartiments apparaissent comme incomplets, faute d'être encadrés d'un manière convenable à chacun ?

Eh bien !... ces imperfections disparaissent par l'utile, l'indispensable emploi de carreaux plus simpl encore, c'est-à-dire d'une seule couleur, pour former des encadrements dont les figures 67 et 68 donnent d exemples, et dont les dessins numéros 25, 26 et 71 sont, je crois, des applications complètement réussies. Ah combien perdraient ces derniers dessins, si l'on supprimait les encadrements ! et combien gagneraient au con traire les dessins 65, 66, 74, 79 et 82, s'ils étaient entourés d'une bordure bien appropriée à chacun d'eux !..

Telles sont les deux additions, ou plutôt les deux perfectionnements dus à mes connaissances spéciales dans l'architecture, les constructions, les sciences, les arts et l'industrie ; c'est un complément indispensabl aux méthodes des susdits auteurs C'est donc avec de bonnes raisons et une entière confiance dans le résultat de mes leçons, que j'offre aux Familles et Institutions de les initier à ces intéressantes méthodes de dessins augmentées des additions et perfectionnements dont je suis l'auteur ; pour beaucoup elles pourront être une ressource précieuse, et pour tous une occupation intellectuelle, utile et des plus agréables.

P. LEMAIRE,

ANCIEN ARCHITECTE

Membre et Lauréat de diverses Sociétés artistiques, littéraires, scientifiques et industrielles de Paris.

Problèmes de Dessins divers

applicables aux Arts, à l'industrie, aux Métiers,
ainsi qu'aux ouvrages d'agrément;
les uns résolus ci-après, les autres à résoudre.

16
```
2 3 2 3
1 4 1 4
2 3 2 3
1 4 1 4
```

17
```
4 1 4 1
4 1 4 1
4 1 4 1
4 1 4 1
```

18
```
2 4 1 3
4 2 3 1
3 1 4 2
1 3 2 4
```

19
```
2 3 2 3
1 1 4 4
2 2 3 3
1 4 1 4
```

20
```
1 2 3 4
1 2 3 4
1 2 3 4
1 2 3 4
```

21
```
2 1 4 3
3 4 1 2
4 3 2 1
1 2 3 4
```

22
```
4 4 1 1
4 4 1 1
3 3 2 2
3 3 2 2
```

23
```
3 1 4 2
1 3 2 4
2 4 1 3
4 2 3 1
```

25
```
0 0 0 0 0 0 0 0 0 0
0 2 4 2 4 2 4 2 4 2
0 4 9 9 9 9 9 9 9 9
0 2 9 4 1 4 1 4 1 4
0 4 9 3 4 1 4 1 4 1
0 2 9 4 3 4 1 4 1 4
0 4 9 3 4 3 4 1 4 1
0 2 9 4 3 4 3 4 1 4
0 4 9 3 4 3 4 3 4 1
0 2 9 4 3 4 3 4 3 2
```

67
```
9 9 9 9 9 9 9 9 9 9 9 9
4 4 4 4 4 4 1 1 1 1 1 1
2 2 2 2 2 2 3 3 3 3 3 3
0 0 0 0 0 0 0 0 0 0 0 0
```

68
```
9 9 9 9 9 9 9 9 9 9 9 9
1 1 1 1 1 1 4 4 4 4 4 4
2 2 2 2 2 2 3 3 3 3 3 3
0 0 0 0 0 0 0 0 0 0 0 0
```

69
```
4 2
4 2
```

70
```
3 3
1 1
```

83
```
4 4
4 4
```

84
```
1 2
4 3
```

26
```
9 9 9 9 9 9 9 9 9 9
1 1 1 1 1 1 1 1 1 9
0 0 0 0 0 0 0 0 1 9
3 2 4 1 4 1 3 0 1 9
1 4 2 4 1 3 1 0 1 9
2 3 4 2 3 1 2 0 1 9
1 4 3 1 4 2 1 0 1 9
2 3 1 3 2 4 2 0 1 9
4 1 3 2 3 2 4 0 1 9
3 2 4 1 4 1 3 0 1 9
```

72
```
2 3 2 3
3 1 4 2
4 2 3 1
1 4 1 4
```

73
```
4 2 3 1
1 4 1 4
2 3 2 3
3 1 4 2
```

75
```
4 2 3 1
2 4 1 3
1 3 2 4
3 1 4 2
```

76
```
2 3 2 3
1 2 3 4
2 1 4 3
1 4 1 4
```

77
```
4 3 2 1
1 2 3 4
2 1 4 3
3 4 1 2
```

78
```
2 2 3 3
2 2 3 3
1 1 4 4
1 1 4 4
```

80
```
2 4 1 3
4 4 3 1
3 1 2 2
1 3 2 4
```

81
```
4 1 4 1
1 3 2 4
2 4 1 3
3 2 3 2
```

24
```
Y 5 Y 5 Y 8 X 8
X 6 7 8 5 7 8 5 8
X 6 7 6 5 7 6 8 7
X 8 7 8 7 6 5 8 5
1 7 6 5 6 5 8 5
1 7 6 8 5 6 7 5 6
```

74
```
2 4 2 3 1 3
4 2 1 4 3 1
2 3 2 3 3 3
1 4 1 4 1 4
3 1 2 3 4 2
1 3 1 4 2 4
```

71
```
9 9 9 9 9 9 9 9 9 9
9 4 1 4 1 4 1 4 1 4
9 3 2 2 3 2 3 2 3 2
9 4 2 9 9 9 9 9 9 9
9 3 1 9 4 4 4 4 4 1
9 4 2 9 4 4 4 4 2 3
9 3 1 9 4 4 4 2 4 1
9 4 2 9 4 4 2 4 2 1
9 3 1 9 4 2 4 2 4 3
9 4 2 9 3 1 3 3 1 4
```

79
```
4 3 1 4 2 1
1 2 1 4 3 4
3 3 4 1 2 2
4 4 3 2 1 1
2 1 2 3 4 3
3 4 2 3 1 2
```

82
```
4 2 3 2 3 1
2 4 1 4 4 3
1 3 4 1 2 4
2 4 3 2 1 3
1 3 2 3 2 4
3 1 4 1 4 2
```

65
```
4 2 3 1 | 4 2 3 1
2 4 1 0 | 2 4 1 3
1 3 2 4 | 2 3 2 4
3 1 4 2 | 3 1 4 2
--------+--------
4 2 3 1 | 4 2 3 1
2 4 1 3 | 2 4 1 3
1 3 2 4 | 1 3 2 4
3 1 4 2 | 3 1 4 2
```

66
```
2 3 1 2 | 3 4 2 3
1 4 2 1 | 4 3 1 4
3 2 4 2 | 3 1 3 2
2 3 2 4 | 1 3 2 3
--------+--------
1 4 1 3 | 2 4 1 4
4 1 3 1 | 4 2 4 1
2 3 1 2 | 3 4 2 3
1 4 2 1 | 4 3 1 4
```

85
```
4 4 4 4 | 1 1 1 1
4 2 2 2 | 3 3 3 1
4 2 2 2 | 3 3 3 1
4 2 2 4 | 1 3 3 1
--------+--------
3 1 1 3 | 2 4 4 2
3 1 1 1 | 4 4 4 2
3 1 1 1 | 4 4 4 2
3 3 3 3 | 2 2 2 2
```

86
```
2 4 2 4 | 1 3 1 3
4 2 4 2 | 3 1 3 1
2 4 2 4 | 1 3 1 3
4 2 4 2 | 3 1 3 1
--------+--------
3 1 3 1 | 4 2 4 2
1 3 1 3 | 2 4 2 4
3 1 3 1 | 4 2 4 2
1 3 1 3 | 2 4 2 4
```

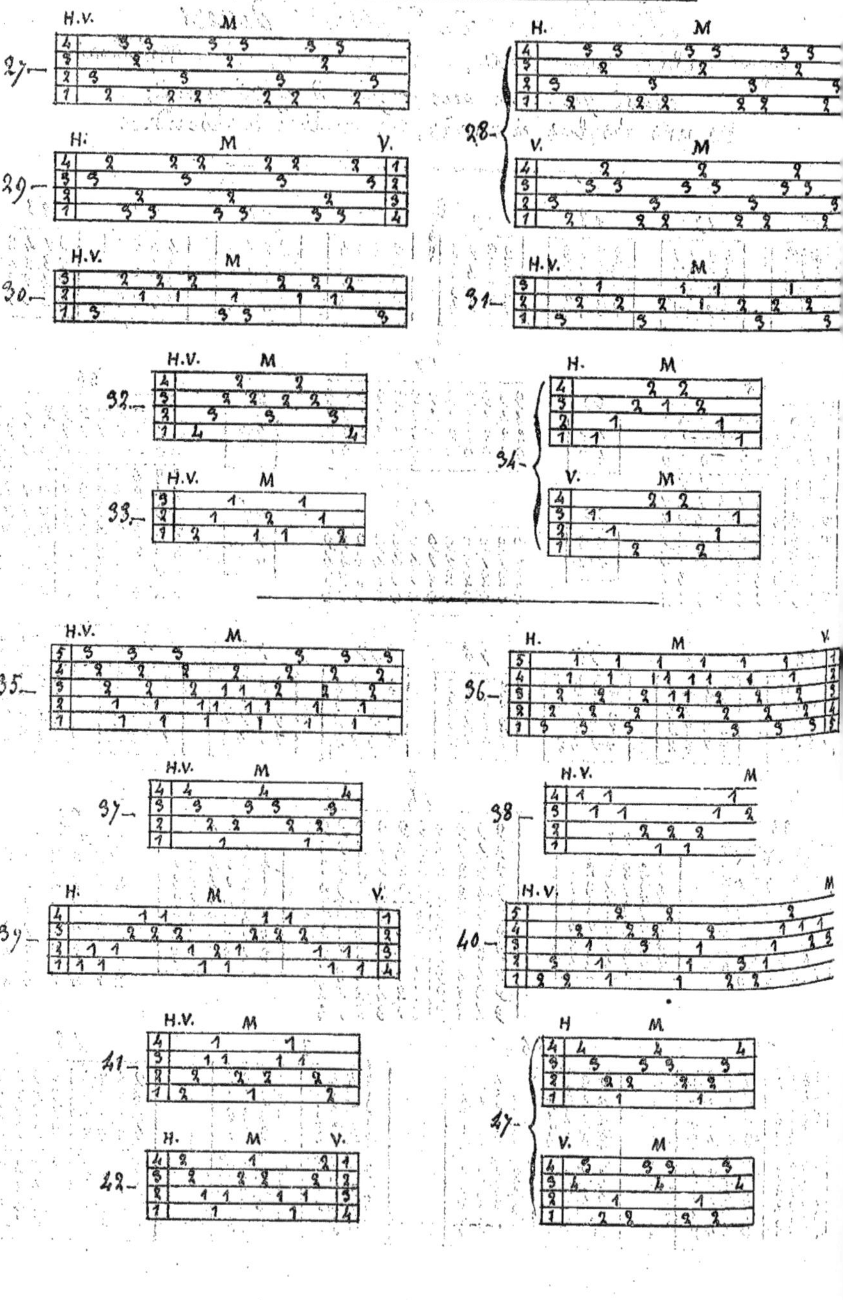

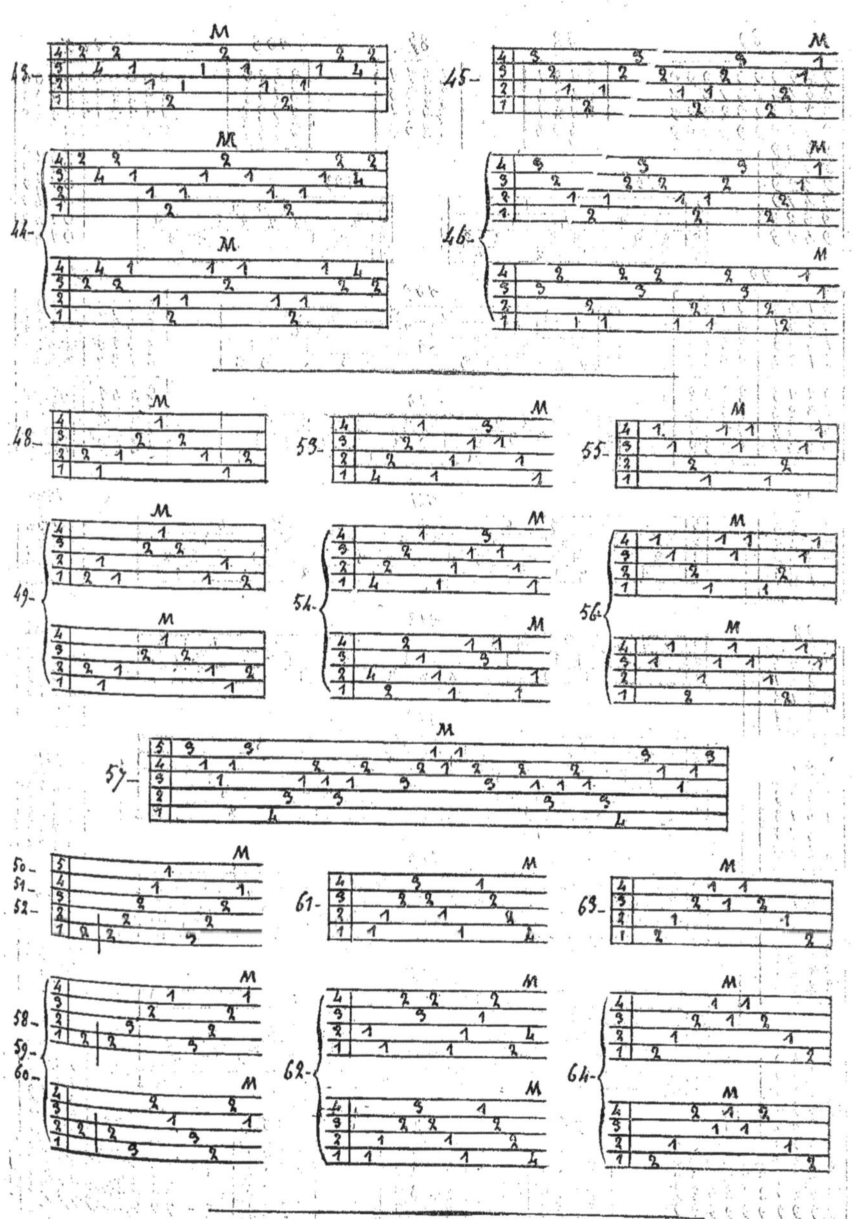

43-
44-
45-
46-
48-
49-
50-
51-
52-
53-
54-
55-
56-
57-
58-
59-
60-
61-
62-
63-
64-

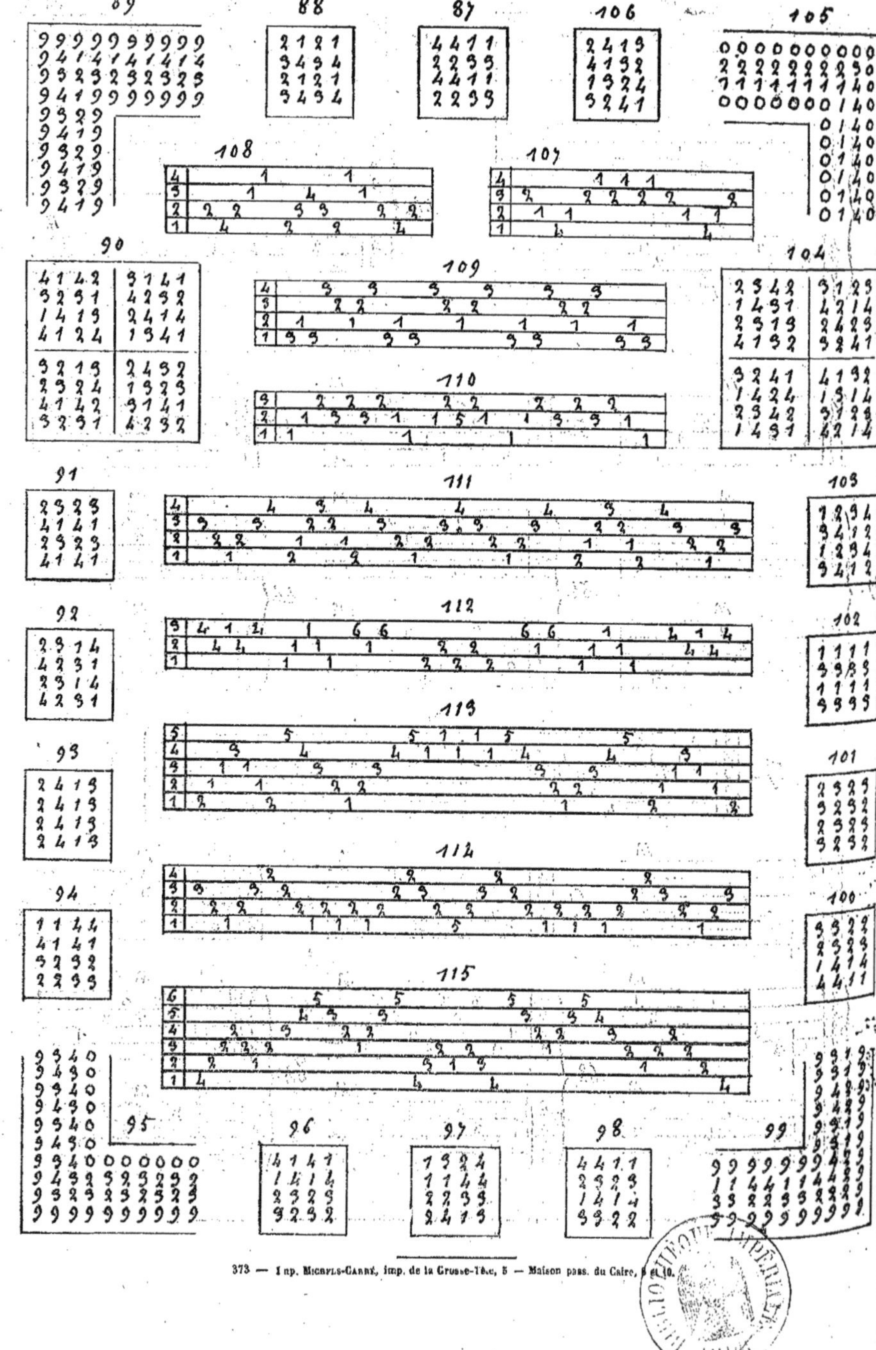

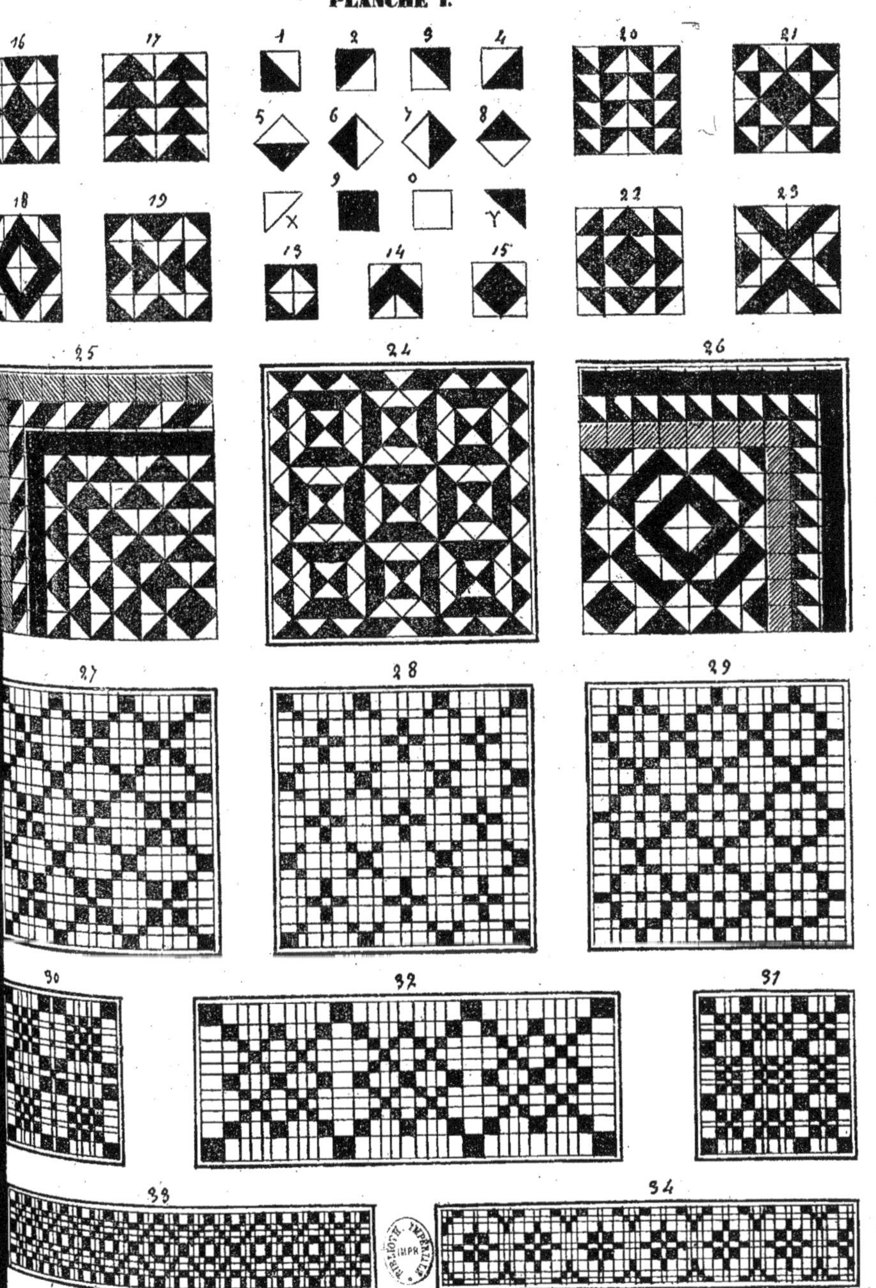

Imp. Michels-Carré, imp. de la Grosse-Tête, 5. — Maison pass. du Caire, 8 et 10.

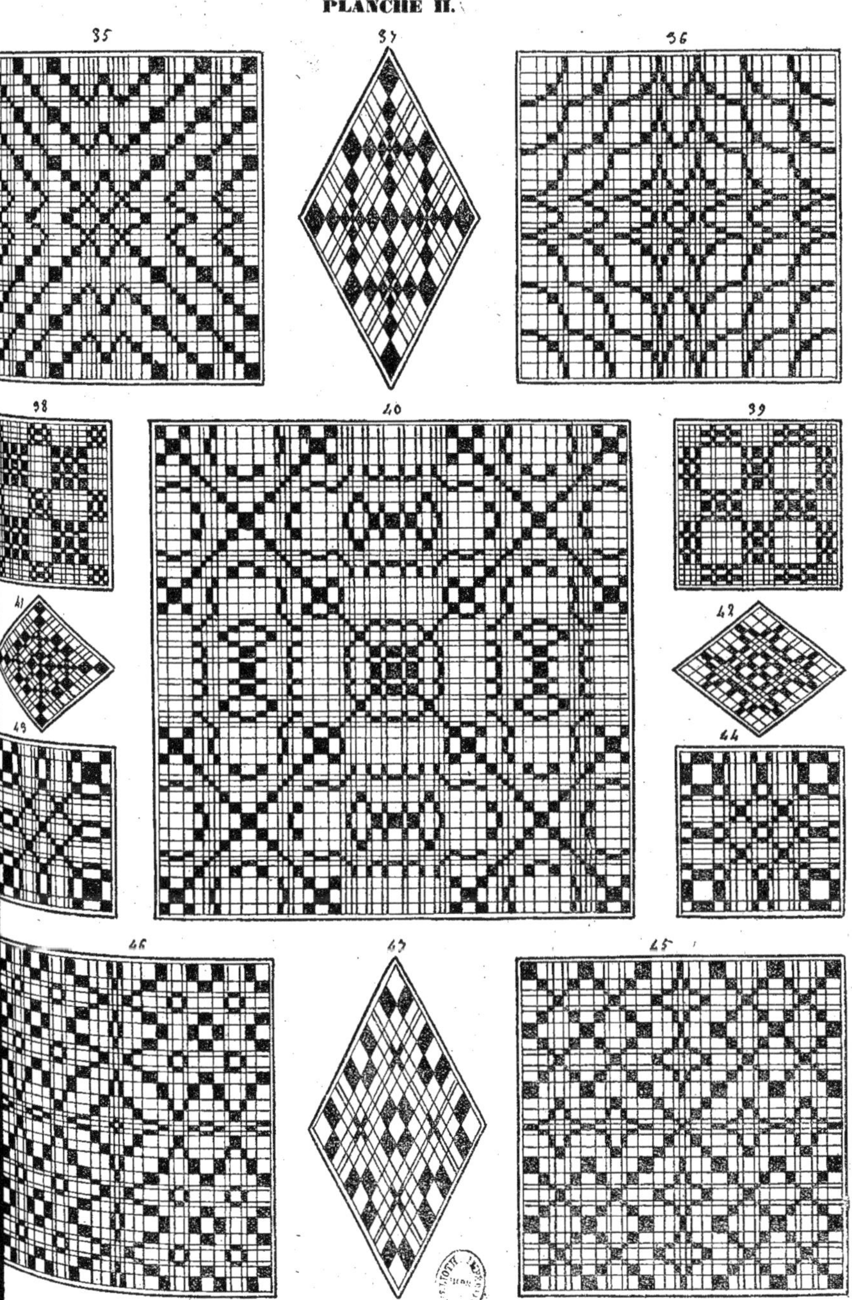

Imp. Michelet-Carré, imp. de la Grosse-Tête, 5. — Maison pass. du Caire, 8 et 10.

PLANCHE III.

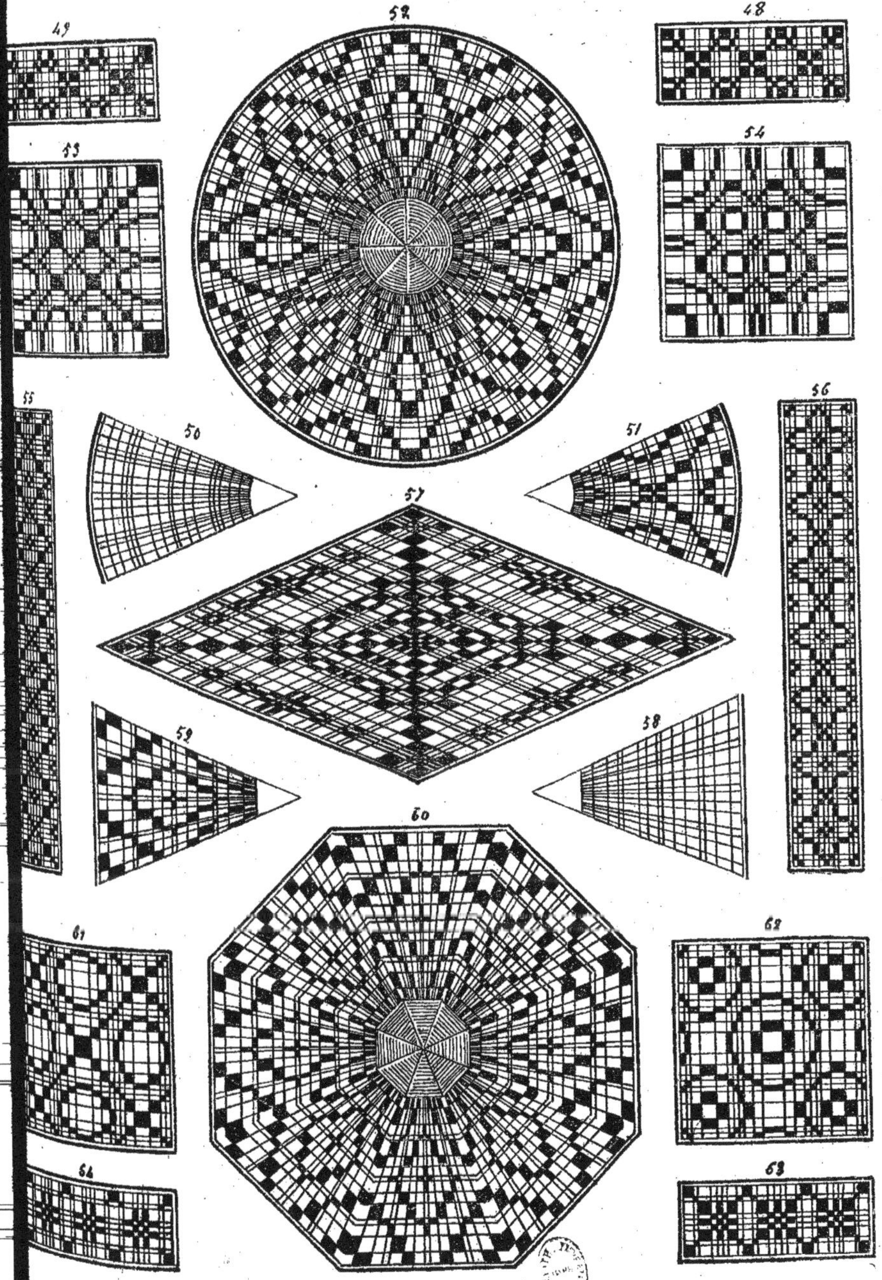

Imp. Michels-Carré, imp. de la Grosse-Tête, 5. — Maison pass. du Caire, 8 et 10.

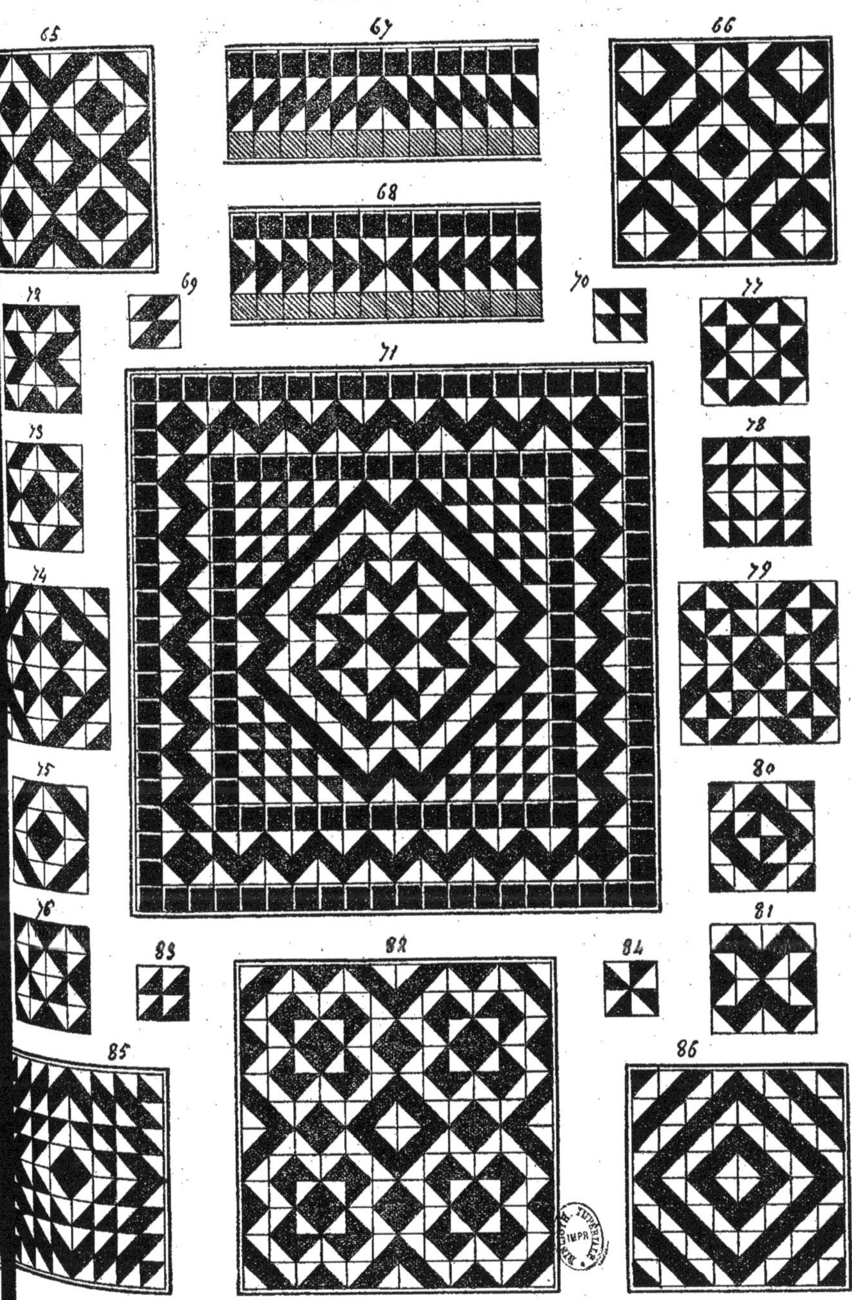

Imp. Michels-Carré, Imp. de la Grosse-Tête, 5. — Maison pass. du Caire, 8 et 10.

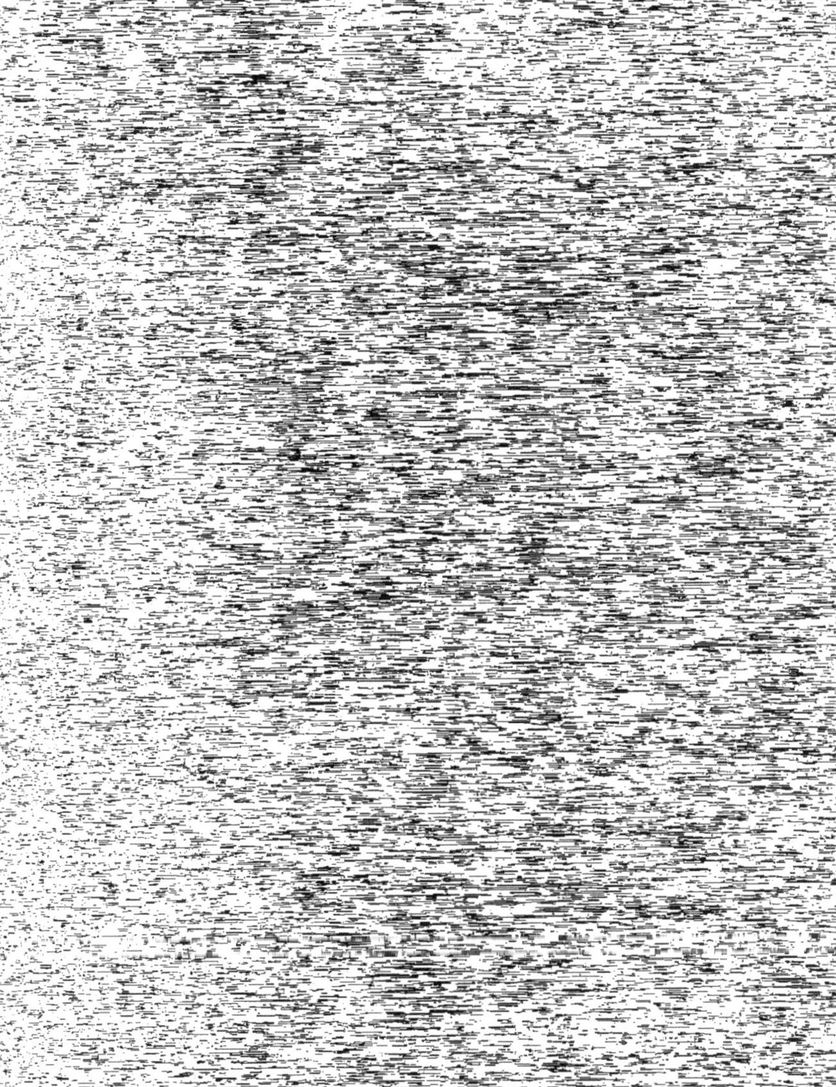

TYPOGRAPHIE ET LITHOGRAPHIE DE MICHELS-CARRÉ

IMPASSE DE LA GROSSE-TÊTE, 5

MAISON PASSAGE DU CAIRE, 8 ET 10

9 782019 474898